_____

_____

_____

Mit allen Sinnen ...

Einmal im Jahr ist eine Zeit,
die seltsam anrührend ist.
In einer Jahreszeit, die von kurzen
Tagen und langen Nächten,
von winterlicher Kälte

und klimatischer
Ungemütlichkeit geprägt wird:
Weihnachten.
Eine geheimnisvolle Zeit.
Zeit besonderer Achtsamkeit.

Himmlische Klänge

Hörst du?
In den Geschäften ertönen
Weihnachtslieder. Geschichten
erzählen von weihnachtlichen
Erfahrungen. Engelschöre stimmen
einen himmlischen Gesang an.
Und hörst du auch im Gemurmel
der Geschäftigkeit, was dir die innere
Stimme deiner Kindheit flüstert?
Weihnachten –
eine Zeit der Freude.

Sehnsuchtsvolle Blicke

Siehst du?
Überall werden Geschenke zum
Kauf angeboten. Weihnachtsmärkte
laden ein zum Schauen und
Verweilen. Krippenspiele führen

eine alte Geschichte neu auf.
Und siehst du auch im Trubel der
Alltäglichkeit, was dir deine Sehnsucht
offenbart? Weihnachten –
eine Zeit der Liebe.

Duftende Genüsse

Riechst du?
Zu Hause backt man eifrig
Weihnachtsplätzchen aller Art.
Maronen und Bratwürste duften
in den Fußgängerzonen.
Der Christbaum verzaubert
die Wohnstube mit seinem Duft.
Und riechst du auch im Gewirr
der Düfte, was dir deine
Träume sagen wollen?
Weihnachten –
eine Zeit der Hoffnung.

Geschmackvolle Gaben

Schmeckst du?
Lebkuchen und Zimtsterne werden in dieser Zeit gerne genossen. Die Weihnachtsgans ist für manchen ein besonderer Genuss. Aromastoffe des

Christstollens lassen auf den Geschmack kommen. Und schmeckst du auch in der Vielfalt der Geschmäcker, was dich dein Herz empfinden lässt?
Weihnachten – eine Zeit der Wunder.

Spürbare Momente

Ertastest du?
Beim Kneten des Teigs für den feinen
Weihnachtskuchen. Während des Aufstellens
des Weihnachtsbaums im Wohnzimmer.
Beim Auspacken deiner ganz für dich

bestimmten Geschenke. Und ertastest du auch in der Dunkelheit der Heiligen Nacht, was dich nur dein inneres Auge sehen lässt? Weihnachten – eine Zeit des Friedens.

Gefühlvolle Tage

Fühlst du?
Den Augenblick, in dem dir
ein Mensch eine Freude macht.
Die Zeit, die dir jemand schenkt
zum Dasein und Zuhören.
Die Liebe Gottes, die in einem
Kind Mensch geworden ist.
Und fühlst du auch in aller
Angespanntheit der festlichen
Tage, was dir dieses Fest
zu geben vermag?
Weihnachten –
eine Zeit der Sinne!

In dieser Reihe sind bisher erschienen und lieferbar:

92125 Kathrin Gewald, Zum Weihnachtsfest alles Liebe
92126 Sylvia Hartmann, Frohe Weihnachten und ein gutes neues Jahr
92127 Kurt Rainer Klein, Lichter in der Weihnachtszeit
92128 Dorothea Heyel, Für ein gesegnetes Weihnachtsfest
92137 Ulrike Pause, Liebe Weihnachtsgrüße für dich
92138 Ulrike Pause, Frohe Weihnachten und ein glückliches neues Jahr
92139 Friedrich Bollmann, Alles Liebe zum Weihnachtsfest
92140 Jutta Frenkel, Frohe Festtage und alle Gute im neuen Jahr
92141 Antje Sabine Naegeli, Gesegnete Weihnachten und ein gutes neues Jahr
92142 Antje Sabine Naegeli, Ganz herzliche Weihnachtsgrüße

Bibliografische Information der Deutschen Nationalbibliothek
Die Deutsche Nationalbibliothek verzeichnet diese Publikation in der
Deutschen Nationalbibliografie, detaillierte bibliografische Daten sind im
Internet über http://dnb.d-nb.de abrufbar.

ISBN 978-3-8256-0128-7
„Geschenkhefte"
Für ein gesegnetes Weihnachtsfest – Bestell-Nr. 92128
Gesamtkonzeption: © Design-Studio Simon Baum
© 2007 by SKV-EDITION, Lahr/Schwarzwald
Druck und Verarbeitung: St.-Johannis-Druckerei, Lahr/Schwarzwald